كيف أصبحت طبيباً؟

تأليف: د. طارق البكري

رسوم: نور التوبة

دار الرُّقيّ
للطباعة والنشر والتوزيع

ذَهَبَ طَلَالٌ إِلَى عِيَادَةِ «عَمُّو سَعِيد» بَعْدَ إِصَابَتِهِ بِالبَرْدِ..
عَايَنَ «عَمُّو سَعِيد» طَلَالاً..
وَأَعْطَاهُ دَوَاءً لِيَشْرَبَهُ ثُمَّ قَالَ:

أَنْتَ بِصِحَّةٍ جَيِّدَةٍ يا بَطَل..
بِإِمْكَانِكَ الذَّهابُ إِلى المَدْرَسَةِ
غَداً، فَعَلَيْكَ أَنْ تَدْرُسَ وتَجْتَهِدَ
لِتُصبِحَ طَبِيباً مِثْلي..

حقيبة طبية

فَكَّرَ طلالٌ قَلِيلاً وَسَأَلَهُ:

«عَمُّو سَعِيد» أَبِي دَائِماً يَقُولُ إِنَّكَ أَصْبَحْتَ طَبِيباً بِإِصْرَارِكَ. أَنا أُرِيدُ أَنْ أَعْرِف كَيْفَ أَصْبَحْتَ طَبِيباً؟

ضَحِكَ «عَمُّو سَعِيد» وَقالَ لِطلالٍ مُمَازِحَاً:

في يَوْمٍ، فيمَا كُنتُ في فِرَاشي نَائماً، جَاءَني جِنِّيٌّ سَاحِرٌ، أَحْضَرَ لي حَقِيْبَةً فيها كُلُّ أَدَوَاتِ الطَّبِيْبِ.. وَقَالَ لِي: «يَجبُ أَنْ تُصْبِحَ طَبِيباً لِتُسَاعِدَ المَرْضى..» عِنْدَمَا اسْتَيْقَظْتُ وَجَدْتُ الحَقِيْبَةَ بِجَانِبِي.. ومُنْذُ ذَلِكَ اليَوْمِ أَصْبَحْتُ طَبِيباً..

11 12 1
10   2
9   3
8   4
7 6 5

طَلالٌ ذَكِيٌّ جِدًّا يَعْرِفُ أَنْ لا وُجُودَ لِهَذا الجِنِّيِّ، وأَنَّ الجِنَّ الحَقِيقِيَّ عَالَمٌ آخَرُ لَيْسَ لَهُ عَلاقَةٌ بِعَالَمِ الإِنْسَانِ، ومَعَ ذَلِكَ ذَهَبَ إِلَى بَيْتِهِ يُفَكِّرُ ويَحْلُمُ بِالجِنِّيِّ وحَقِيبَةِ الطَّبِيبِ..

فِي اليَوْمِ التَّالِي اسْتَيْقَظَ طَلَالٌ فِي وقتٍ مُبَكِّرٍ ورَاحَ يَبْحَثُ عَنِ الحَقِيبةِ فَلَمْ يَجِدْهَا..

وظَلَّ كُلَّ يَوْمٍ يَنْتَظِرُ الجِنِّيَّ والحَقِيبةَ..

ألعاب المدينة
حقيبة طبيّة

أَخْبَرَ «عَمُّو سَعِيد» أَبا طَلالٍ بِحِكَايَةِ ابْنِهِ، فَظَلَّ يَضْحَكُ فَتْرَةً طَوِيْلَةً.. ثُمَّ ذَهَبَ أَبو طلالٍ بِرفْقَةِ أُمِّ طلالٍ واشْتَرَيَا حَقِيْبَةً وَوَضَعَا فيها كُلَّ أَدَوَاتِ الطَّبِيبِ الَّتي تُنَاسِبُ عُمْرَ طلالٍ ولا تُؤْذِيه.

حقيبة طبية

في الصَّباحِ التَّالي اسْتَيْقَظَ
طَلَالٌ فَوَجَدَ الحَقيبَةَ.

كانَتْ مَلْأَى بِأَدَواتِ الطِّبِّ..
سَمَّاعَةٌ.. ضَمَادَاتٌ.. آلَةٌ
لِقِياسِ الضَّغْطِ، سَاعَةٌ، كَمَّامٌ،
مُطَهِّرٌ.. بَدَأَ طَلَالٌ يُمَارِسُ
عَمَلَهُ كَطَبِيبٍ..

حقيبة طبية

اليَوْمَ يَمْلِكُ **طلالُ** أَكْبَرَ مَرْكَزٍ طِبِّيٍّ مُتَخَصِّصٍ بِمُعَالَجَةِ العُيُونِ.. ولا يَـزَالُ يَحْتَفِظُ بِالحَقِيبَةِ.. وعِنْدَمَا يَتَذَكَّرُ حِكَايَةَ الجِنِّي.. يَضْحَكُ كَمَا ضَحِكَ «عَمُّو سَعِيد».

حقيبة طبية
حقيبة طبية

لِمَاذا ذَهَبَ طَلالٌ إلى عِيادَةِ «عَمُّو سَعِيد»؟

....

....

هَلْ أُعْجِبَ طَلالٌ بِعَمَلِ «عَمُّو سَعِيد»؟ مَاذا تَمَنَّى؟

....

....

مَاذا فَعَلَ «عَمُّو سَعِيد» لِيُشَجِّعَ طَلالاً عَلى تَحْقِيقِ أُمْنِيَتِهِ؟

....

....

هَلِ اسْتَطَاعَ طَلالٌ أَنْ يُصْبِحَ طَبِيباً مَشْهوراً؟ مَاذا فَعَلَ بِهَدِيَّةِ «عَمُّو سَعِيد»؟

....

....